Möge der Wind dir den Rücken stärken

Irische Reisesegen

D1720040

benno

Gott sei bei dir

Gott sei vor dir,
um dir den rechten Weg zu zeigen.

Gott sei neben dir,
um dich in die Arme zu schließen
und zu schützen.

Gott sei hinter dir,
um dich zu bewahren vor der Heimtücke
böser Menschen.

Gott sei unter dir,
um dich aufzufangen, wenn du fällst.

Gott sei in dir,
um dich zu trösten, wenn du traurig bist.

Gott sei um dich herum,
um dich zu beschützen.

Segen für dein Leben

Mögen sich die Wege
vor deinen Füßen ebnen,
mögest du den Wind im Rücken haben,
möge die Sonne warm
dein Gesicht bescheinen,
möge Gott seine schützende Hand
über dich halten.
Mögest du in deinem Herzen
dankbar bewahren
die kostbare Erinnerung
der guten Dinge in deinem Leben.
Das wünsche ich dir.

Gott halte dich

Möge die Straße
dir entgegeneilen.
Möge der Wind
immer in deinem Rücken sein.
Möge die Sonne
warm auf dein Gesicht scheinen
und der Regen
sanft auf deine Felder fallen.
Und bis wir uns wiedersehen,
halte Gott dich
im Frieden seiner Hand.

Der Segen des Lichts

Segen sei mit dir,
der Segen strahlenden Lichtes,
Licht um dich her
und innen in deinem Herzen.

Sonnenschein leuchte dir
und erwärme dein Herz,
bis es zu glühen beginnt
wie ein großes Torffeuer,
und der Fremde tritt näher,
um sich daran zu wärmen.

Ruhig und gelassen

Gehe ruhig und gelassen
durch Lärm und Hast
und suche den Frieden
in der Stille.
Sei freundlich
zu deinen Mitmenschen.
Äußere deine Meinung
ruhig und klar.
Höre anderen aufmerksam zu,
auch wenn sie anderes denken.

Friede sei mit dir

Den tiefen Frieden
über dem stillen Land
wünsche ich dir.
Den tiefen Frieden
im schmeichelnden Wind
wünsche ich dir.
Den tiefen Frieden
im Rauschen der Wellen
wünsche ich dir.
Den tiefen Frieden
unter den leuchtenden Sternen
wünsche ich dir.
Den tiefen Frieden vom
Sohne des Friedens
wünsche ich dir.

Altirischer Segenswunsch

Mein Wunsch für dich

Mein Wunsch für dich ist dieser:
Mögest du dankbar bewahren
in deinem Herzen
die kostbare Erinnerung
der guten Dinge in deinem Leben.
Dass jede Gottesgabe in dir wachse
und sie dir helfe,
die Herzen derer froh zu machen,
die du liebst.
Dass du mit den Stürmen standhältst
und du den Gipfel doch erreichst.
Und dass in Freud und Leid
das freundliche Lächeln
des Gottessohnes mit dir sei
und du ihm so innig verbunden bist,
wie er es für dich ersehnt.

Bibliografische Information der Deutschen Nationalbibliothek
Die Deutsche Nationalbibliothek verzeichnet diese Publikation
in der Deutschen Nationalbibliografie; detaillierte bibliografische Daten
sind im Internet über http://dnb.d-nb.de abrufbar.

Fotonachweis:
Cover: © zenina/Shutterstock
Vor- und Nachsatz: © Alexandr Ozerov/Fotolia
Seite 2/3: © TTstudio/Fotolia
Seite 4/5: © Iakov Kalinin/Fotolia
Seite 6/7: © Olga Koroshunova/Fotolia
Seite 8/9: © Giuseppe Porzani/Fotolia
Seite 10/11: © Baltazar/Fotolia
Seite 12/13: © patrick/Fotolia
Seite 14/15: © Photocreo Bednarek/Fotolia
Rückseite: © Africa Studio/Fotolia

Besuchen Sie uns im Internet:
www.st-benno.de

Gern informieren wir Sie unverbindlich und aktuell auch in unserem Newsletter
zum Verlagsprogramm, zu Neuerscheinungen und Aktionen. Einfach anmelden
unter www.st-benno.de.

ISBN 978-3-7462-5189-9

© St. Benno Verlag GmbH, Leipzig
Zusammenstellung: Volker Bauch, Leipzig
Covergestaltung: Ulrike Vetter, Leipzig
Gesamtherstellung: Arnold & Domnick, Leipzig (D)